POR LOS CAMINOS DEL UNIVERSO

ALONG THE ROADS OF THE UNIVERSE

Poems & Illustrations by

AMOR HALPERIN

translations by

IDA HALPERIN

Oyster River Press

ISBN   1 882291 57 3

Other books from the Oyster River Press:

Crow Milk. Poems by Rick Agran. 1997.

Edged in Light. Poems by Jane B. Jordan. 1990.

Halcyon Time. Poems on the birds by Hugh Hennedy.
Illus. Charles Chu. 1990.

Intense Experience. Social Psychology through Poetry.
Fred Samuels, Ed. 1990.

A Letter to my Daughter, 1687 by the Marquis of Halifax
with *Essays from a New England College Town (1927-
1987)* by Phoebe Taylor. 1992.

The Mending of the Sky and other Chinese Myths
retold by Xiao Ming Li.   Illus. Shan Ming Wu. 1989.

*Ombres et Soleil / Sun and Shadows. Poems and writings
of Paul Eluard.* Translations C. Buckley & Lloyd Alexander.
1992. Illus. Chagall, A. Lhote, Magritte, Man Ray, Picasso.

Peace in Exile. Poems by David Oates. 1992.

Thoughts for a Free Life. Lao Tsu to the Present. 3rd.Ed. 1997.
Cicely Buckley, Editor & illustrator.

O Y S T E R   R I V E R   P R E S S
20 Riverview Road   Durham, NH 03824   603 868 5006

To my wife Ida

*who not only translated these poems,
but encouraged me to write, almost
from the day we had our firstborn.*

Acknowledgments

I wish to express my appreciation to Cicely Buckley, who discovered my poems when I read at the Poetry Zone in Santa Barbara. I am indebted to her for making the English translation flow in a more poetic way.

Iris Edinger, Mark and Jane Eiduson provided valuable assistance.

No es el yo fundamental
eso que busca el poeta,
sino el tú esencial.

It is not the fundamental I
the poet is looking for,
but the essential you.

De Proverbios y Cantares XXXV
Antonio Machado (1875-1939)

CONTENTS

El Valle de la Muerte / Death Valley   2

La Ciudad / The City   4

La Bufadora / The Blowhole   12

Los dieciéis / Sweet sixteen   16

Marte / Mars   22

Los Angeles   26

Retrato de un Poeta /Portrait of a Poet   32

Palm Desert   38

Nueva York / New York   42

Infinitud / Infinity   48

Fin de Semana / Weekend   52

Bucky   62

Por los Caminos del Universo /

   Along the Roads of the Universe   68

Quiero / I Want   80

Venus 13   86

El Viejo Nogal / The Old Walnut Tree   90

Yo te recuerdo, Evita / I remember you, Evita   98

¿Qué es el Amor? / What is Love?   108

El Viejo Puente / The Old Bridge   114

Nostalgia   120

Retrato / Portrait   126

Notes on the Poems   131

Quiero el cielo

y la tierra

y el pájaro que vuela

de árbol en árbol

siempre en busca

de ese poquito

de felicidad

que es el amor....

EL VALLE DE LA MUERTE

Inmensidad de espacio
entre el azul azulado
y el ocre amarillento,
entre las piedras multicolores
y el cielo límpido,
entre dunas sinuosas
como cuerpo de mujer
y una raya de asfalto
que se pierde entre montañas.

Valle de la Muerte,
lamentación y queja muda
piedra y arbusto
y agua a veces
y el sol tan cerca
y las estrellas tan lejos
y el hombre tan solo.

DEATH VALLEY

Immensity of space
between bluish blue
and yellowish ocher,
between multicolored stones
and clean sky,
between curving dunes
like a woman's body
and the asphalt ribbon
lost among mountains.

Death Valley,
lamentation and mute complaint
stone and bush
and sometimes water
and the sun so near
and the stars so far
and man so lonely.

LA CIUDAD

La ciudad me miraba
de reojo
como preguntando
sin evasivas
y derecho al grano:

¿Vienes a ver mi destruído pasado
reminiscencias de tu juventud
o a mofarte del progreso
visión del futuro ?

Sé que incredulidad y cinismo
son muchas veces
cara y seca de una misma moneda,
pero que puedo hacer
si gente sin corazón,
sin alma,
sin visión del futuro
sin amor al prójimo,
pensando únicamente
en sus cuentas corrientes
depósitos en bancos lejanos,
números sin nombre alguno,
no notan como matan
al pájaro que se posa
en la cornisa de una casa vieja,

THE CITY

The city was watching me
out of the corner of its eye
asking
without making excuses
and straight to the point:

> *Do you come*
> *to see my past in ruins*
> *memories of your youth*
> *or to mock progress,*
> *our vision of the future ?*

I know that disbelief and cynicism
are often head and tail
of the same coin, but what can I do
if heartless people without a soul,
without a vision for the future,
caring little for their neighbors,
thinking only
of their checking accounts,
deposits in faraway banks,
numbers without name,
don't see how they are killing
the bird perched
on the cornice of an old house,

al niño que juega
en el parque,
al aire mismo
que da su nombre
a una gran ciudad,
ciudad del río y del balneario
ciudad de los acordes del tango
ciudad de la siesta y del mate
ciudad de compadritos y bailongos
ciudad de la Rosaleda y los mateos,
ciudad de mercaditos y boliches,
de pequeños almacenes mal iluminados
de escuelas con niños en guardapolvos,
ciudad de ciudades
donde nunca se duerme
donde se alimenta
el espíritu y el cuerpo
a todas horas del día,
día de horas locas
y de locos sin días.

Pronto, muy pronto
serán solamente
cincuenta pisos de hormigón,
automóviles en las calles
y letreros luminosos de Coca-Cola,
la única geografía
que quedará
de la historia
de una gran ciudad

¿Y sus habitantes?
¿Quién sabe?

Quizás se fueron
a otras lejanas tierras
a fundar una nueva ciudad
donde el pájaro pueda posarse
y el niño pueda jugar

the child playing
in the park,
the air itself
which gives its name
to a great city
city of river and beach
city of tango rhythms
city of siestas and *mate*
a city of smart-asses and dance halls
the city of the Rose Garden and horse carriages
a city of little markets and shops
of small dimly lit grocery stores
of schools with children in smocks,
the city of cities
where one never sleeps
where soul and body
are fed
all day long,
a day of crazy hours
and crazy people without days.

Soon, very soon
there will only be
fifty stories of concrete,
cars on the streets
and lighted Coca-Cola signs
the only geography
that will remain
of the history
of a great city

> *And what about its inhabitants ?*
> *Who knows ?*

They may have left
for faraway countries
to found a new city
where a bird may alight
and a child play

y el aire sea claro
que llene nuestros pulmones
y nuestra sangre
y nuestra mente
de eso que llaman vivir,
vivir como seres humanos
y no como robots
dirigidos por manos anónimas.

Sí, vivir y vivir
porque vivir
es reír,
es bailar,
es soñar ~
La ciudad me miraba
de reojo
y yo me eché a reír,
a correr por las calles,
a tocar el timbre de las casas
y a gritar a viva voz:

Salgan a la calle
a besar el viejo adoquín,
a mirar las viejas cornisas
y a pasar la palma de la mano
por hierros forjados
antes que la piqueta
se lo lleve todo
y no quede nada,
absolutamente nada
de la gran ciudad.

Ahora la ciudad
me mira
abiertamente,
ahora ríe y llora,
baila y canta,

and the air is clear
to fill our lungs
and our blood
and our minds
with what we call living,
as human beings,
not like machines
directed by anonymous hands.

Yes, we must live fully
because living is
    laughing
    dancing
    dreaming ~
The city was watching me
out of the corner of its eye
and I began to laugh,
to run along the streets,
ringing the door bells
and shouting

  Get out in the street,
  kiss the old pavement,
  watch the old cornices
  and stroke
  the wrought iron fences
  before the pickax
  destroys them all
  and nothing is left
  absolutely nothing
  of the great city.

Now the city
is watching me
openly,
it laughs and cries,
dances and sings,

y cuando la luna se asoma
a ver lo que pasa,
mil ojos le guiñan
diciéndole:

> *No quiero saber nada*
> *de rascacielos,*
> *letreros luminosos*
> *o automóviles,*
> *solamente quiero*
> *al pájaro,*
> *al niño*
> *y el buen aire*
> *de cada día.*

and when the moon comes out
to see what is happening,
a thousand eyes are winking at it
saying:

>*I do not want to know about*
>*skyscrapers,*
>*or lighted signs*
>*or cars,*
>*I only want*
>*a bird,*
>*a child*
>*and fresh air*
>*every day.*

Baja California, Agosto 1974

LA BUFADORA

Recorte de costa
burbujas
fina lluvia
de agujas
espuma
musgo y rocas.

Milenios
de vientos y olas
milenios
de embates y rugidos
milenios
de soles y lunas
milenios
de hombres y bestias.

Cada infinitésimo
de segundo
una paleta
de colores
se dibuja
en el aire mismo,

Baja California, August 1974

THE BLOWHOLE

Coast outline
bubbles
drizzle
of needles
foam
moss and rocks.

Millennia
of wind and waves
millennia
of pounding and roaring
millennia
of suns and moons
millennia
of men and beasts.

Each infinitesimal part
of a second
a palette
of colors
is drawn
in the air,

es el arco iris
en el espacio
vibrante
que nos rodea.

La Bufadora
es acción
es ritmo
es color
es una danza
de los elementos
de la naturaleza
en su más exhuberante
espectáculo.
Y a la noche
la Via Láctea
ilumina
en todo su esplendor
la sinfonía
de luz y sonido
para deleite
de todos.

¡Afortunadas las rocas
que miran cada noche
las estrellas!

is a rainbow
in the vibrating
space
that surrounds us.

The Blowhole
is action
rhythm
color
a dance
of the elements
of nature
in its exuberant
spectacle.
And at night
the Milky Way
in all its splendor
illuminates
the symphony
of light and sound
to everyone's delight.

Fortunate are the rocks
that watch the stars
every night!

LOS DIECISÉIS AÑOS

Ciudades
laberintos de la mente
calles y avenidas
luces y señales
nervios
realidades
y misterios.

Catedrales
azúcar en terrones
nubes efímeras
blanco sobre blanco
azul y rojo
soles pulidos
como cobre brillante.
Cobre
metal de la tierra
mezclado con sangre
mezclado con sudor
mezclado con lágrimas
mezclado, mezclado....

For my daughter Frances
June 21, 1975

S W E E T   S I X T E E N

Cities
labyrinths of the mind
streets and avenues
lights and signals
nerves
realities
and mysteries.

Cathedrals
sugar lumps
ephemeral clouds
white on white
blue and red
shiny suns
like sparkling copper.
Copper
earth metal
mixed with blood
mixed with sweat
mixed with tears
mixed, mixed …

¡Niña!
pienso en tus dieciséis años,
años del árbol,
de raíces profundas
de rocío mañanero
de tierra fértil,
de la copa
desde donde se atisban
catedrales de azúcar
y ciudades de laberintos

¡Niña!
pienso en tu mundo
de conquista
y degüello,
de dinero
y hambruna,
y me retuerce
un poco la conciencia
porque yo también,
un día
hace poco,
ayer
tuve sueños
de cambiar
las monedas en los bolsillos
por el azul del cielo
y el verde de la montaña.

¡Niña!
que todavía
tienes tiempo
de salir a la búsqueda
de eso que llaman
el continente humano
donde latitudes y longitudes
se encuentran

Young lady!
I think about your sixteen years,
the years of the tree
of deep roots
of morning dew
of fertile land,
from the tree-top
one observes
cathedrals of sugar
and labyrinthian cities.

Young lady!
I think of your world
of conquest
and throat-cutting,
of money
and great hunger,
and it writhes
in my conscience
because I also
have had dreams
one day
recently
yesterday,
dreams of changing
the coins in my pockets
for the blue sky
and the green of the mountain.

Young lady!
you still
have time
to go out and search for
what they call
the human continent
where latitudes and longitudes
meet

para escuchar el murmullo
de las olas
y el cri-cri de los grillos
y ver cada noche
las luciérnagas
iluminar las caras felices
de los hombres
que creen en los hombres.

¡Niña!
dieciséis es un número mágico
que abre nuevos horizontes
donde el ojo
es como la cámara oscura
que registra
los pequeños y grandes cambios
y los graba en la mente
para el resto de la vida.

Trompetas y veintiuna salvas
en este día
para una niña
que tiene sonrisas
como palomas blancas
y ojos que miran
las profundidades
del mar
del ser humano

¡Salud!
para la niña,
en este día del solsticio
el primer día del verano
que cumple
los dieciséis años.

and listen to the murmur
of the waves
and the *cri-cri* of crickets
and see at night
fireflies
illuminating happy faces
of men
who believe in men.

Young lady!
sixteen is a magic number
that opens new horizons
where the eye
is like a camera obscura
registering
the small and great changes
engraving them on the mind
for the rest of our lifetime.

Trumpets and twenty-one salvos
on this day
for a young girl
who has smiles
like white doves
and eyes that look
into the depths
of the sea
of human beings.

A toast to her health!
on this day of the solstice
the first day of summer,
on her birthday
sweet sixteen.

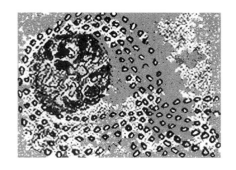

MARTE

Nombre de nombres
nombre de dioses
Dios de la guerra
campo de batalla
muerte y flores
espadas
y la tierra silenciosa
y el silencio de los campos
y el Universo lleno
de enormes silencios
y Marte
(a trescientos setenta y cinco
        millones de kilómetros)
tan distante de nosotros
parece una llamarada rojiza
en el azul infinito,.

Ahora que hemos llegado
genio humano
de la computadora electrónica,
Marte ha dejado de ser
el misterioso guerrero
el planeta de los canales rojos
para convertirse
en una extensión
de nuestra tecnología.

M A R S

Name of names
name of Gods
God of war
battlefield
death and flowers
swords
and the silent land
and the silence of the fields
and the Universe
full of silence
and Mars
so far from us
(three hundred and seventy-five
    million kilometers)
seems a red flash
in the infinite blue.

Now that we have arrived
human genius
of the electronic computer
Mars is no longer
the mysterious warrior,
the planet of red canals,
instead has become
an extension
of our technology.

Si no tiene vida
le inyectaremos una
y crearemos
otro macrocosmo
con nuestra inventiva.

Quizás millones de años ha
unos seres
llegaron a estas latitudes
escapando vicisitudes
y peligros
y ahora lo que queda
del paisaje marciano
es un cielo rosado
y un desierto rocoso,
volcanes lo cubren
y enormes grietas
surcan su superficie.
Y de agua,
vehículo primordial
de vida y transformación,
ni trazas quedan.

Marte ha muerto
quizás en una batalla
que duró un segundo
y sólo el testimonio mudo
de millones de piedras
ha quedado
para la posteridad
como epitafio
de lo que podría suceder
un día
aquí,
en nuestra Tierra.

If it doesn't have life
we will give life
and we will create
another macrocosm
with our ingenuity.

Maybe millions of years ago
other beings
came to these latitudes
escaping vicissitudes
and danger
and now what is left
of the Martian landscape
is a pink sky
and a rocky desert
covered with volcanoes,
enormous fissures
furrow its surface.
And of water,
primordial vehicle
of life and transformation,
not a trace is left.

Mars has died,
maybe in a battle
that lasted a second,
and only the silent witness
of millions of rocks
remains
for posterity
as an epitaph
of what could happen
one day
here
on our Earth.

Agosto 1976

LOS ANGELES

Tránsfugas
de las regiones frías,
emigrantes
de países tórridos,
elites
corridas por el destino,
espaldas mojadas
que cruzaron el desierto,
todos han llegado
al "paraíso perdido",
a la ciudad
de la marejada,
del constante ir y venir,
donde distancias
se miden
en galones de gasolina
y sonrisas se dan
como monedas de cambio,
donde bancos
crecen como hongos
y el aire puede ser
cortado a veces
con cuchillo.

August 1976

LOS ANGELES

Fugitives
from cold regions,
émigrés
from torrid countries,
elite
driven by fate,
wet-backs
who crossed the desert,
all have arrived
at the "lost paradise",
the city
of rough seas,
of constant comings and goings,
where distances
are measured
by gallons of gas
and smiles are offered
as change,
where banks
grow like mushrooms
and sometimes the air
can be cut
with a knife.

Desde el mar
hasta el corazón
de la ciudad
hay sangre
en sus infinitas arterias,
hay sangre
en las omnipotentes arcas
donde deudas se acumulan,
hay sangre
en el rugido de las multitudes
en Chavez Ravine
y hay sangre
en las colinas desnudas
cortadas
con guillotinas
de legajos.

Los Angeles,
ciudad desparramada
entre palmeras
y condominios,
entre colinas erosionadas
y mansiones victorianas,
entre Cinco de Mayos
y Cuatro de Julios,
es la última frontera
donde suburbia
reina.

Ciudad de saludos
a cincuenta cinco
millas por hora
y conversaciones telefónicas
a horas intempestivas,
alguien dijo una vez
que son cien aldeas
en busca de una ciudad!

From the sea
to the heart
of the city,
there is blood
in its infinite arteries,
there is blood
in the all-powerful coffers
where debts accumulate,
there is blood
in the roaring of the multitude
in Chavez Ravine
and there is blood
in the naked hills
cut down
by guillotines
of legal briefs.

Los Angeles,
the city spread-out
between palm trees
and condominiums,
between eroded hills
and Victorian mansions,
between the "Cinco de Mayo"
and the Fourth of July,
is the last frontier
where suburbia
reigns.

City of greetings
at fifty-five
miles per hour
and phone conversations
at unexpected hours,
someone once said
it is one hundred villages
in search of a city!

Civilizaciones
vienen y se van
y el signo HOLLYWOOD
será el único hito
que quedará
cuando el chaparral
vuelva a invadir
las orillas
de nuestra Porciúncula,
río perdido
de la benemérita ciudad
de Los Angeles.

Civilizations
come and go
and the HOLLYWOOD sign
will be the only marker
remaining
when the chaparral
once again invades
the banks
of our Porciúncula,
lost river
of the meritorious city
of Los Angeles.

Dedicado a la memoria de mi amigo
Bert Meyers   Abril 24, 1979

RETRATO DE UN POETA

Taza de café
y cigarrillo,
el recuerdo
de la mesa,
el libro en la mano
y la sonrisa
en esa cabeza de profeta,
todo se dibuja
como el pantógrafo
que copia
las imágenes
de mi mente.

Edificios en el fondo,
laguitos,
Calders multicolores,
movimiento
por doquier,
nada importa,
puesto que palabras fluyen
e ideas rebotan
como juego de pelota.

To the memory of my friend
Bert Meyers   April 24, 1979

PORTRAIT OF A POET

A cup of coffee
and a cigarette
memory
of the table,
a book in hand
and the smile
on that prophet's head;
everything is sketched out
as the pantograph
that copies
the images
of my mind.

Buildings in the background,
little lakes,
multicolored Calders,
movement
everywhere,
nothing matters
since words flow
and ideas bounce back
as in a ball game.

Es el verbo en acción
sujeto y predicado
la oración completa
y la imagen del hombre
que invoca
vida, muerte y transfiguración
vida en un soplo
puesto que vivir
es morir un poco
cada dia,
muerte en una larga agonia
puesto que morir
es transfigurarse
y volver a lo que uno fue.

Muerte
violenta a veces
muerte
sutil a veces
es como una manopla de hierro
que quiere pegarle
al destino invisible
y le pega
ciegamente
a la vida.

El poeta nunca muere,
su palabra
es el hijo que llega
a los mas recónditos lugares
de la tierra
para sembrar semillas
de esperanza.

El poeta nunca muere,
su alma
es una imagen
que ha quedado grabada
para siempre

It's the word in action
subject and predicate
the whole sentence
and the image of the man
who invokes
life, death and transfiguration,
life in a breath
because living
is dying a little
each day,
death in long agony
because dying
is becoming transfigured
and returning to
what one used to be.

Death
sometimes violent
death
sometimes subtle
like an iron knuckle
that wants to strike out
against invisible fate
and blindly
strikes out
against life.

The poet never dies,
his word
is the child that comes
to the most hidden places
of the earth
to sow seeds
of hope.

The poet never dies,
his soul
is an image
engraved forever

en esos laguitos
donde los Calders multicolores
repiten cada día
sus infinitos movimientos.

El poeta siempre vive
en el espacio
que nos rodea,
en las estrellas,
en el Universo
entero,
en el sinfín
del mundo,
donde las palabras
hacen frente a la muerte
y la vencen.

Taza de café
y cigarrillo
y el libro
de poemas
y el poeta
que se ha ido.

Todo ha quedado
en ese libro
de poemas
que la muerte
no pudo vencer.

Todo ha quedado.

In those little lakes
where every day
the multicolored Calders
carry on
their infinite motions.

The poet lives forever
in the space
that surrounds us,
in the stars,
in the whole
Universe,
in the endless
world,
where words
face death
and conquer it.

A cup of coffee
and a cigarette
and the book
of poems
and the poet
who has gone away.

Everything lives on
in that book
of poems
that death
couldn't vanquish.

Everything lives on.

PALM DESERT

Las montañas
se dibujan
y desdibujan
a lo lejos
bajo el sol quemante
del desierto.

Es el desierto
arrinconado
entre palmeras
alineadas
como soldaditos
y bungalows
forrados interiormente
de espejos
y mármoles.

Es la ciudad
que ha invadido
el sacrosanto lugar
de saguaros,
lagartijas,
grillos
y flores silvestres

PALM DESERT

The mountains
are drawn
and undrawn
in the distance
under the desert's
burning sun.

Here is the desert
cornered
between rows
of palm trees
like little soldiers
and bungalows
lined inside
with mirrors
and marble.

Here is the city
that invaded
the sacred realm
of *saguaros,*
lizards,
crickets
and wild flowers

y arena
tan blanca como
espuma de mar.

Es el country club
inmaculado
con céspedes
de manicura,
campos de golf
y laguitos artificiales.

¿Quién vencerá
en esa lucha constante
entre la naturaleza
del hombre
y el hombre
de la naturaleza ?

Solamente el agua
que riega
los espacios verdes
sabe
si se queda
en la superficie
o se escurre
a alimentar los tramos
secretos del desierto
milenario.

Civilizaciones
vienen
y se van
y quien sabe
si algún día
este lugar,
que tan lindo nombre
tiene,
podría llegar a ser
el Stonehenge
del siglo veinte.

and sand
as white
as sea foam.

It is the country club
immaculate
with manicured
lawns
golf courses
and little artificial lakes.

Who will prevail
in this constant struggle
between the nature
of man
and the man
of nature ?

Only the water
that sprinkles
the green spaces
knows
if it will stay
on the surface
or trickle down
to feed the secret paths
of the millennial
desert.

Civilizations
come
and go
and who knows
if ever
this place with
such a beautiful name
may become
the Stonehenge
of the Twentieth Century.

NUEVA YORK

Desde lo alto
desde la cabeza
desde la Estatua de la Libertad
después de ascender
todos esos escalones
desde los pequeños ventanales
el sol colándose
apenas
a través de la neblina,
el horizonte de concreto
se dibuja
avanzando
como un batallón
de guerreros acorazados
imperturbables
altas torres,
guardias del Atlántico
escrutando
el ancho océano.

March 1981

NEW YORK

From on high
the head
of the Statue of Liberty
after climbing
all these steps
from small windows
sun filtering
just barely
through the fog,
the horizon of concrete
is sketched
advancing
like a battalion
of armored warriors
imperturbable
high towers,
guardians of the Atlantic
scrutinizing
the wide ocean.

Mientras tanto
allá en la base
nosotros somos
como pequeñas hormigas,
corremos de un lado
a otro
y a veces chocamos
y a veces morimos.

Nueva York
ciudad del laberinto
trenes saliendo
de las entrañas
de la tierra
algunos cayéndose
con la edad,
trenes con graffiti
algunos dicen
arte de esperanza
otros dicen
arte de angustia
gente amontonada
en subterráneos
y andenes,
humanidad
en calles y avenidas
caminando y corriendo,
comiendo y comprando,
tapados, botas y guantes
por doquier
y el frío colándose
a través de los huesos,
mientras en las marquesinas
luces brillantes
anuncian
los últimos musicales.

Meanwhile
at the base
we are like
small ants
running from
one place to another
and sometimes we bump
into each other
and sometimes we die.

New York
labyrinthian city
trains emerging
from the bowels of the earth
some of them falling apart
from age
trains with graffiti
some call it
the art of hope
others say
the art of anguish
subways
and platforms
crowded with people,
humanity
in streets and avenues
walking and running
eating and buying
coats, boots and gloves
everywhere
the cold filtering
through our bones
and there on the marquees
brilliant lights
advertise
the latest musicals.

Broadway es el corazón
de Nueva York
y Nueva York
vibra
minuto a minuto
en las cosas pequeñas
en las cosas grandes,
en cada café
donde el expresso
y la conversación
están a la orden del día.

Greenwich Village,
Soho,
Brooklyn,
Harlem,
nombres incrustados
en la geografía
de la ciudad,
y cuando uno mira
desde las nubes,
desde el más alto edificio
el "World Trade Center",
uno se pregunta
humildemente

   ¿Quienes son los gigantes
   que han logrado
   llegar al cielo
   sin sacar los pies
   de la tierra ?

Broadway is the heart
of New York
and New York
vibrates
minute by minute
in things great
and small
in every cafe
where espresso
and conversation
are the order of the day.

Greenwich Village,
Soho,
Brooklyn,
Harlem,
names set
in the geography
of the city,
and when one looks
from the clouds
from the highest building
the World Trade Center,
one asks
humbly

Who are these giants
who have
reached the sky
without taking their feet
off the ground ?

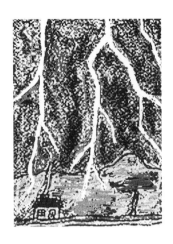

Recordando la potente voz del
Mt. St. Helena.   Mayo 1981

INFINITUD

Noche de ánimas
               errantes
noche de brujas
               volando
noche de luna blanca
en el espacio negro
noche de espinas
en la tierra y en el hombre
noche de sueños profundos
en el mundo de ilusiones
noche del hombre desnudo
               deambulando
en el desierto,
surcado por ríos invisibles
surcado por relámpagos y truenos
surcado por nervios translucientes
surcado por partículas infinitesimales.

Remembering the powerful voice
of Mount Saint Helena, May 1981

INFINITY

A night of souls
                    wandering
a night of witches
                    flying
a night of a white moon
in black space
a night of thorns
on earth and in man
a night of deep dreams
in a world of illusions
a night of the naked man
                       roaming
in the desert
furrowed by invisible rivers
by lightning and thunder
by translucent nerves
by infinitesimal particles

Días de horas infinitas
días de sueños irrealizados
días de plenitud inusable
días de noches eternas
sin sol ni luna
sin estrellas
sin aurora boreal
sin arco iris
sin nieve
sin lluvia,
solamente
una larga sequía.

En esa noche
de ánimas y brujas
el hombre desnudo
busca
en la infinitud
del espacio
el origen
del hombre
el origen
del Universo.

Days of infinite hours
of unfulfilled dreams
of unused plenitude
of eternal night
without sun or moon
no stars
no aurora borealis
no rainbow
no snow
no rain,
only
a very long drought.

On that night
of souls and witches
the naked man
is searching
in the infinity
of space
for the origin
of man
for the origin
of the Universe.

Abril 1983

FIN DE SEMANA

I. Viernes

El minutero
del enorme reloj
ha marcado
el final de la jornada
y la inquietud
de la oficina
es interrumpida
por el rítmico traqueteo
de presurosos pies
escapando
el laberinto
de toda una semana.
Papeles,
máquinas de escribir,
libros y carpetas,
teléfonos,
luces que se apagan,
todo se recoge
en un silencio
de catedral.

WEEKEND

I. Friday

The minute hand
of the big clock
has marked
the end of the day
and the restlessness
of the office
is interrupted
by the rhythmic rattle
of hurrying feet
escaping
from the labyrinth
of a whole week.
Papers
typewriters
books and files
telephones
lights turned off
everything withdraws
into the silence
of a cathedral.

Es el viernes,
día tan esperado
comienzo
de cincuenta cuatro horas
de libertad
para no hacer nada
o para hacer
una pequeña revolución
para dormir
a pierna suelta
o madrugar
con la alborada,
para ir de juerga
por cafés danzantes
o enterrarse
en la matinée
de un cine cualquiera.

El viernes
es el preludio
de los días por venir,
aperitivo
y amigos telefónicos,
planes y más planes
en la cena,
conversaciones
de sobremesa,
todo para olvidar
el manto
de las horas
que han pasado,
todo para pensar
en la noche
que se viene.

Noche de caricias
y deseos,

It's Friday
we've been waiting for
the beginning
of fifty-four hours
of freedom
for doing nothing
or for starting
a little revolution
or for sleeping
carefree
or waking up
at dawn,
or going on a spree
of dancing at the café
or getting lost
in a matinee
at the movies.

Friday
is the prelude
of the days to come,
the aperitif
and telephonic friends,
making plans
at dinner
after-dinner
conversations,
all to forget
the cloak
of hours
left behind,
everything
to fantasize
about the coming night.

A night of caresses
and desires,

noche de dedos
que se escurren
por cabelleras sueltas
y de piel
que toca otra piel.

Noche de besos
interminables
noche del amor
en toda su belleza
como una diosa
que emerge
del centro
de una fuente multicolor.

Noche del amor,
amor humano
amor divino
donde seres humanos
llegan al paraíso
aquí
en la misma tierra.

II. Sábado

¡Ah! ese reloj despertador
que olvidamos por error
o por desidia
nos recuerda
por un breve momento
los embates de la semana
pero volvemos
a gozar de la cama tibia
en un estado de euforia
cuando recordamos
que hoy es sábado,
el primer día
de un glorioso
fin de semana..

a night of fingers
that slide
on loose hair
and skin
that touches another skin.

A night of
interminable kisses
a night of love
in all its beauty
like a goddess
emerging
from the middle
of a multicolored fountain.

A night of love,
human love
love divine
where humans
reach heaven
here on earth.

II. Saturday

Ah! that alarm clock
we forgot to silence
by mistake or by indolence
reminds us
for a moment
of the pulsating weekdays
but we return
to enjoy the warm bed
a state of euphoria
remembering
today is Saturday,
the first day
of a glorious
weekend.

Oh! es cierto
arreglos en la casa
y cuentas a pagar
y papeles y cartas
y la mar en coche
nos espera,
pero que importa
si el día está por delante
para jugar con el sol
que se cuela
a través de la ventana,
para ir en bicicleta
por los caminos arbolados,
para caminar por las calles
y admirar
las niñas veinteañeras.

Es el día
para reunirse con amigos
y hablar
de la política,
de las películas
y de las mujeres
y de un sinfín de cosas
que nada tienen que ver
con la vida que uno lleva.
Es sábado
y de noche al cine
a ver el último estreno,
otro poco de ficción
para olvidar
las cosas trágicas
de este mundo.

III. Domingo

Deportes en la TV
entre cervezas
y "tortillas chips",

Oh! it's true
there are household repairs
bills to pay
papers and letters,
everything is
waiting for us,
what does it matter
since the day is ahead of us
to play with sunshine
seeping through the window
to go biking
along tree-lined roads
to walk on the streets
and admire the girls
in their twenties.

This is the day
we will meet friends
and chat about
politics
movies
women
and many things
which have nothing to do
with our work-a-day lives.
It's Saturday
off to the movies tonight
to see the latest premiere
another fiction
to forget
the tragedies
of this world.

III. Sunday

Sports on TV
between beers
and tortilla chips,

béisbol con Valenzuela
y el triunfo de los "Dodgers"
es lo habitual
en las monótonas tardes
de un domingo.
También nos espera
el periódico
que se lee en menos
de lo que canta un gallo,
política y políticos
lado a lado
de crímenes y necrologías
de pornografía sublimada,
de avisos sobre dietas
de la bolsa de valores,
es lo que llena
esas trescientas páginas
sin contar
las tiras cómicas
el humor
en lo trivial
de cada día.

Al anochecer
uno recorre
los boulevares vacíos,
ni un alma a la vista.
Parecería que la ciudad
se ha ido a dormir,
a esperar la rutina
de la casa al trabajo
y del trabajo a la casa,
es otra semana que viene
para soñar
con el fin de semana.

baseball with Valenzuela
and the Dodgers winning,
is the usual fare on a
monotonous Sunday afternoon.
The newspaper waits
to be read in less time
than it takes
a rooster to crow,
politics and politicians
alongside
crime and obituaries,
sublimated pornography,
ads about diets and
the stock market,
fill
three hundred pages
not counting the comics
the humor
of daily trivialities.

At sundown
we stroll along
empty boulevards.
Not a soul around.
It would seem
the city
has fallen asleep
to await
the daily routine,
from home to work,
from work to home
another week
to dream
of the weekend to come.

En honor de Richard Buckminster Fuller
Julio de 1983

B U C K Y

Las olas
espumosas y blancas
se estrellan
contra los cantos rodados
contra la fina arena
creando
millones de burbujas
estructuras
de perfecta geometría
formas geodésicas
de balance instantáneo
un sinfín
de fuerzas y tensiones
entre moléculas y moléculas
una armonía perfecta
en la grandiosidad
de la naturaleza.

B U C K Y

Waves
foamy and white
crashing
on round pebbles
on fine sand
creating
millions of bubbles
structures of
perfect geometry
geodesic forms
of instantaneous balance
an endless number
of forces and stresses
between molecules and molecules
perfect harmony
in the greatness
of nature.

¡El hombre también crea!
el crea
formas fantásticas
estructuras espaciales
que flotan en el aire
el crea
para llegar al conocimiento
de si mismo,
el crea
con belleza
con inteligencia
con método
con disciplina
porque tiene
los ojos puestos
en la perfección
del ser humano.

¡Si!
todas esas estructuras
han venido
del genio creador
de un hombre
al que llamaban
Bucky
el autodidacta
ciudadano del mundo
que siempre creyó
en Utopía
al alcance de la mano.

¡Si!
todo ha venido
del laberinto
de esa mente,
de donde las ideas
salieron
a borbotones

Man also creates!
He creates
fantastic forms
spatial structures
floating in the air
he creates
to arrive
at an understanding
of himself,
he creates
with beauty
with intelligence
with method
and discipline
because he has his eyes set
on the perfection
of the human being.

Yes!
All these structures
have come
from the creative genius
of a man
called Bucky
self-taught
citizen of the world
who always believed
in Utopia
at a hand's reach.

Yes!
it has all come
from the labyrinth
of that mind,
where ideas
poured forth,
a torrent

a inundar
los anchos
caminos
del Universo
sembrando
para los que vienen
después.

Hoy
nos despedimos de él
con una sonrisa
pues está flotando
en el espacio
que nos rodea
en una de sus superestructuras
en pos de nuevos universos
para difundir
el mensaje quintaesencial
de que el ser humano
algún día
vencerá las fuerzas
que lo atan
al atavismo
de ideas retrógradas.

¡Bucky!
te saludamos
en el viaje
que has comenzado.

¡Aleluya!

to inundate
the wide roads
of the Universe
sowing
for those who will follow.

Today
we say good-bye
to him,
smiling,
for he is floating
in the space
that surrounds us
in one of his
superstructures
in search
of new Universes
to disseminate
the quintessential message
that humans
one day will conquer
the forces that bind them
to the atavism
of retrograde ideas.

Bucky!
we greet you
on the journey
you have begun.

Hallelujah!

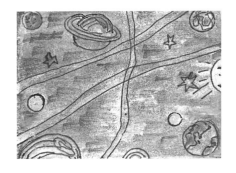

Octubre 1985

POR LOS CAMINOS
DEL UNIVERSO

Poema en cuatro movimientos

I. Búsqueda

*Por los caminos
enrevesados
de la ciudad
transitamos
con el alma
muy pesada
transitamos
como prisioneros
en el macadam
de la jungla.*

*Porque es la jungla
en la cual
estamos viviendo,
inhóspito lugar
donde el hombre
es mártir
y flagelador.*

October 1985

ALONG THE ROADS
OF THE UNIVERSE

Poem in four movements

I. Search

On the difficult roads
of the city
we travel
heavy hearted
we journey
like prisoners
in chains
on the macadam
of the jungle.

Because this
is the jungle
where we are living,
a barren place
where man
is both martyr
and flagellator.

Desde la alborada
en pos
de la supervivencia
y por los caminos
del Universo
llenos de llagas
recorremos
los infinitos
espacios
unos en busca
del placer
otros en busca
de sí mismos.

¡Oh ! cuantas veces
cuando vemos
la luna reflejada
en el horizonte
lejano,
nos preguntamos

   ¿Es allá
     donde la sabiduría
     ha quedado ?
   ¿Es allá
     donde el paraíso
     ha quedado ?
   ¿Es allá
     donde los hombres
     de buena voluntad
     han permanecido ?

From dawn
in pursuit of
survival
and on the roads
of the world
full of sores
we traverse
infinite
spaces
some looking
for pleasure
others in search
of themselves.

Oh! how many times
when we see
the moon reflected
on the distant
horizon,
we wonder

Is that where
wisdom
has been left?
Is that where
paradise
remains ?
Is that where
men of good will
have stayed behind ?

II. Encuentro

Ahora que hemos llegado
al más alto pináculo,
no al de la gloria
ni al de la riqueza,
sino al del conocimiento
tecnológico,
y miramos el camino
que atrás ha quedado,
nos invade una tristeza.

Es tan poco
lo que sabemos
de la condición humana,
que hubiera sido mejor
recomenzar
por el estudio
de nosotros mismos.

No son los números,
ni las letras,
ni la música
lo que falta
de nuestro conocimiento
del mundo,
sino la geografía
del hambre,
la historia
de la tortura,
las matemáticas
de la pobreza,
la literatura
del robo.

II. Encounter

Now that we have arrived
at the highest summit,
not of glory
nor of wealth
but of technological knowledge,
and we look at the road
left behind,
we feel
a certain sadness.

We know
so little
of the human condition,
it would have been better
to begin again
the study
of ourselves.

It is not numbers,
nor letters,
nor music
that are missing
from our knowledge
of the world,
but the geography
of hunger,
the history
of torture,
the mathematics
of poverty,
the literature
of theft.

Todo nos llega
como un rumor
subterráneo,
como el viento
que susurra
en las copas de los árboles,
y sin embargo
todo está a la vista,
al alcance de la mano
pero pretendemos
no querer saber.

III. Definición

¿Qué deseamos
   de nuestras vidas?
¿Qué cauce
   tienen que recorrer
   nuestros anhelos?

Testimonios
de cada día
hablan de violencia
y de justicia.

Por un lado
nuestro sentido
de la ley,
de la armonía,
de la sociedad,
de la convivencia,
nos aleja
de los caminos
de la violencia,

Everything
comes to us
like a subterranean
murmur,
like the wind
whispering
in the tree-tops,
even so
everything can be seen
within reach
but we pretend
we don't want to know.

III. Definition

What will we
make of our lives ?
In which riverbed
must our yearnings
travel?

Daily
testimonies
speak of violence
and justice.

On the one hand
our sense
of law,
of harmony,
of society,
of living together,
removes us
from the paths
of violence,

y sin embargo
en nombre
de la justicia,
injusticias
se han cometido
y se siguen
cometiendo.

Por otro lado,
cuando todos los caminos
están cerrados,
cuando todas las puertas
están acerrojadas,
cuando la luz no penetra
por los ventanales,

    ¿No es verdad
     que hay que despejar
     el camino ?
    ¿No es verdad
     que hay que abrir
     las puertas ?
    ¿No es verdad
     que hay que dejar pasar
     la luz por los ventanales ?

Es por eso
que es difícil
una definición del hombre
en el mundo contemporáneo,
especialmente
cuando el mismo hombre
es víctima
y victimario.

even so,
in the name
of justice,
injustices
have been committed
and repeated
over and over again.

On the other hand,
when all roads
are closed,
all doors
bolted,
when light doesn't come
through big windows,

Isn't it true
we need to clear
the road ?
Isn't it true
we must open
the doors ?
Isn't it true
we should let the light in
through the big windows ?

That's why
it's so difficult
to define man
in today's world,
especially
when the same man
is both victim
and murderer.

IV. Llegada

Un día,
la jungla
llegará a su fin,
y morirá.
Y cuando ese día
amanezca
lo sabremos
en las miradas límpidas
de los hombres,
en los campos
que han dado sus frutos
y en el horizonte
diáfano y sin límites.

Ese día,
el hombre habrá llegado
no al paraíso perdido,
sino al conocimiento
de sí mismo.
Ese día,
el hombre
habiendo recorrido
los caminos
del Universo,
plantará una semilla:
el deseo de vivir
en armonía
sin violencia
en este mundo
el único que conoce.

IV. Arrival

One day,
the jungle
will come to an end,
it will die.
And when that day
dawns
we will see it
in the clear gaze
of man,
in the fields
that have given their fruits
and on the transparent,
limitless horizon.

On that day
man will have come
not to his lost paradise,
but to an understanding
of himself.
On that day,
having traveled
the roads
of the Universe,
he will plant a seed:
his desire to live
in harmony
without violence
in this world
the only one
he knows.

Para mi hijo Ruben
Octubre 5, 1988

Q U I E R O

Quiero escribir
algunos pensamientos
algunas imágenes,
barquitas llegando
a tierras remotas,
pero las palabras
no vienen.

Quiero penetrar
en la esencia
de las cosas
en el porqué
de nuestra
existencia,
pero las palabras
no vienen.

Quiero escuchar
voces
en las noches
de luna llena
en medio
de la gran ciudad,
pero las palabras
no vienen.

For my son Ruben
October 5, 1988

I WANT

I want to write down
some thoughts
some images,
little boats arriving
in faraway lands
but the words
won't come.

I want
to penetrate
the essence
of things,
the why
of our existence,
but the words
won't come.

I want
to listen to voices
in the nights
of full moon
in the middle
of the great city,
but the words
won't come.

Quiero que la vida
no se esconda
en cada recodo
del camino,
que escuche
el pulsar de la sangre
en los laberintos
del cuerpo,
pero las palabras
no vienen.

Quiero los campos en flor
donde cada mañana
una sonrisa saluda
el despertar
de un nuevo día,
pero las palabras
no vienen.

Quiero que palabras
vengan
a decir las cosas
que uno piensa,
terribles a veces
dulces otras,
pero las palabras
no vienen.

Quiero llorar y reir
y mirar,
mirar en los ojos
de otros seres
y llegar a conocerlos,
pero las palabras
no vienen.

I wish that life
wouldn't hide
in each bend
of the road,
just to listen
to the beat of blood
in the labyrinths
of the body,
but the words
do not come.

I want fields in bloom
where every morning
a smile greets
the awakening
of a new day,
but the words
won't come.

I would like words
to come out
to give voice
to one's thoughts,
sometimes terrible,
other times sweet,
but the words
do not come.

I want
to cry
and laugh
and to look in the eyes
of other beings
and get to know them,
but the words
do not come.

Quiero una celebración
del ser humano
con música y flores
en el jardín del alma
donde los pensamientos,
las emociones,
la esencia de las cosas
nos lleguen,
pero las palabras
no vienen.

Quiero el cielo
y la tierra
y el pájaro que vuela
de árbol en árbol,
siempre en busca
de ese poquito
de felicidad
que es el amor,
la fuerza que mueve
nuestra humanidad.

Quiero
muchos mañanas
con esperanza
con vida
con amor.

I would like a celebration
of human beings
with music and flowers
in the garden of the soul
where thoughts,
emotions,
the essence of things,
reach   us,
but the words
do not come.

I want the sky
and the earth
and the bird that flies
from tree to tree
always searching
for that little
bit of happiness
which is love,
the force that drives
our humanity.

I want
many tomorrows
with hope,
with life,
with love.

*Iniciación de la obra para la construcción de una
nueva antena en la Estación Espacial Venus DSS-13,
Goldstone Tracking Complex.   Octubre 10, 1988*

VENUS 13

*Gigantes
en la Tierra
construcciones
intricadas
imaginación
y ciencia
alma y mente
del ser humano
crisol
de esfuerzos
todo en pos
de los espacios
abiertos
del Universo
donde el hombre
siempre
ha soñado
en llegar.*

At the groundbreaking ceremony to build the new antenna at the DSS-13, Venus Station, Goldstone Tracking Complex.Oct.10, 1988

VENUS 13

Giants
on the Earth
intricate
constructions
imagination
and science
soul and mind
of the human being
crucible
of efforts
everything
to reach
the open spaces
of the Universe
where man
has always
dreamt
of arriving.

Ideas y pensamientos
transmitidos
a distancias enormes
activan
nuestro poder
y nos muestran
mundos imaginarios
irrealidades
reales,
maravillas
del más allá,
todo gracias
a esas enormes
estructuras
que escrutan
el horizonte
y llevan
nuestro mensaje
hacia otros mundos
donde algún día
esperamos
encontrar
la imagen
de nosotros mismos.

Las antenas,
ojos y oídos
de nuestro pequeño mundo
envían sus mensajes
estelares
no solamente
para encontrar
el origen
del Universo,
sino también
para buscar
el camino
que nos lleve
a nuestra inmortalidad.

Ideas and thoughts
transmitted across
great distances
activate
our power
showing us
imaginary worlds
unreal
realities,
marvels
of the far beyond
everything
thanks to
these huge
structures
scanning
the horizon
sending
our message
to other worlds
where someday
we hope
to find
the image
of ourselves.

Antennas,
eyes and ears
of our small world
send
their stellar messages,
not only
to find
the origin
of the Universe,
but to search
for the road
to our own
immortality.

Enero 14, 1989

EL VIEJO NOGAL

Cien años
de lluvias
y vientos
de calores
y sequías
de soles
y lunas
de desnudez
y florecimiento,
ciclos de la vida
en el largo camino
hacia la muerte.

Cien años
de mirar
las estrellas
el cielo azul
los pájaros
de escuchar
las risas
y los llantos
y todo
lo que pasa
en ese mundo
de los seres humanos.

THE OLD WALNUT TREE

One hundred years
of rains
and winds
of heat
and drought
of suns
and moons
of nakedness
and flowering,
life cycles
on the long road
to death.

One hundred years
of looking at
the stars
the blue sky
the birds
of listening
to laughter
and tears
and everything
that happens
in this world
of human beings.

Cien años
y todo
ha pasado
y ahora reclinado,
bajo el peso
de los años,
con llagas
en su cuerpo,
seco
y sin jugo
en sus entrañas,
con los brazos
extendidos
hacia el cielo,
como implorando,
y con los pies
clavados
en la tierra,
el viejo nogal,
el patriarca
del jardín,
compañero
de mil juegos
de los niños,
ha muerto,
ha muerto dos veces.

Ha muerto
un triste día
de un octubre asoleado
cuando de golpe
su vestido verde
 cayó a la tierra
y la cubrió
con un terciopelo
de fina textura.

One hundred years
and everything
has gone by
and now reclining
under the weight
of its years,
with wounds
in its body,
dry
without sap
running inside,
its arms extended
to the sky,
as if imploring,
its feet
stuck
in the earth,
the old walnut tree,
the patriarch
of the garden,
a companion to
the children's
thousand games,
has died,
has died two times.

It died
one sad day
of a sunny October,
when all at once
its green dress
fell to the earth
covering it
with a kind
of fine velvet.

Ha muerto
un triste día
de un enero frío,
cuando su cuerpo
fuerte todavía,
fue quebrado
en una agonía
que duró
una eternidad.
Ahora lo que queda
del viejo nogal,
son trozos del tronco,
ramas partidas
y raíces muertas
y el recuerdo
del jardín
y el árbol
en una vieja fotografía.

Cien años
han de pasar
otros seres
vendrán,
otras risas
y llantos
vendrán,
otras puestas de sol
vendrán
y quizás
otro nogal
vendrá
a ocupar el lugar
del que se fue.

It died
another sad day
of a cold January,
when its body
still strong
was broken
in an agony
that lasted
an eternity.
Now what is left
of the old walnut tree,
are pieces of the trunk,
broken branches
dead roots
and the memory
of the garden
and the tree
in an old photograph.

One hundred years
will go by
other beings
will come,
other laughter
and cries
other sunsets
and maybe
another walnut tree
will come
to take the place
of the one gone.

Vida
muerte
y renovación
es el camino
que todos
transitamos
y el viejo nogal
que de la tierra
ha venido
ha vuelto a ella,
y solamente queda
el recuerdo
de un amigo
que se ha ido,
pero que siempre
tendrá su lugar
en un rincón
de nuestro corazón.

Life
death
and renewal
is the road
that everybody
travels
and the old walnut tree
which came from the earth
has returned to it,
and the only thing left
is the memory
of a friend
gone away
that always
will have a place
in a corner
of our hearts.

Octubre 12, 1993

YO TE RECUERDO, EVITA

Yo te recuerdo, Evita
cuando salías al balcón
de la Casa Rosada
y un millón de voces
allá en la Plaza de Mayo
gritaban tu nombre:

  ¡Evita!, ¡Evita!, ¡Evita!

y un mar de pañuelos blancos
se agitaban con el viento
y un cielo azul
te sonreía
en esa tarde
de un domingo de gloria.

Yo te recuerdo, Evita
como esa muñequita
de marfil
con el cabello rubio
peinado hacia atrás,
y los brazos en alto
esbeltos y blancos
y los dedos finos
dirigidos hacia el cielo
y la voz
vibrante y sonora
exclamando:

  ¡La vida por Perón!
  ¡La vida por Perón!

I REMEMBER YOU, EVITA

I remember you, Evita,
as you came out on the balcony
of the Pink House,
a million voices
in the Plaza de Mayo
calling your name:

    Evita! Evita! Evita!

and a sea of white scarves
waving in the wind
and a blue sky
smiling to you
on that glorious
Sunday afternoon.

I remember you, Evita,
like that ivory doll,
your blond hair
backcombed,
and your graceful,
white arms raised,
fine fingers
pointing to the sky
and your voice
vibrant and clear
exclaiming:

    Our life for Peron !
    Our life for Peron !

Yo te recuerdo, Evita
cuando llegaste a Madrid
y las llaves de la ciudad
te entregaron, mientras los focos
de los fotógrafos
iluminaban tu cara
pálida y sonriente,
mientras el dictador
y los embajadores
te rodeaban,
bajo el sol implacable
de ese verano
del cuarenta y siete,
con ese visón que llevabas
y ese collar de diamantes
—un millón de dólares—
eras la felicidad
realizada.

Yo te recuerdo, Evita
cuando en el Vaticano
te arrodillaste
ante el Papa
y le besaste
el anillo pontifical,
mientras en tus oídos
todavía resonaban
las voces de la multitud,
desde esa lejana
Plaza de Mayo
y pensaste
en los miles y miles
de hombres, mujeres y niños
que seguían
tu viaje triunfal.

I remember you, Evita,
when you arrived in Madrid
they gave you
the keys to the city,
while the flashes
of the photographers
lit up your pale,
smiling face
when the dictator
and the ambassadors
surrounded you
under the merciless sun
of that summer
of forty-seven,
in your mink coat
and your diamond necklace
—a million dollars—
you felt that bliss
had come to you.

I remember you, Evita,
when in the Vatican
you knelt before the Pope
to kiss
his Fisherman's Ring
while the voices of the masses
from that faraway
Plaza de Mayo
were still ringing
in your ears.
You were thinking
of the thousands
of men, women and children
who were following
your triumphal journey.

Yo te recuerdo, Evita
en esos siete días
de honores y agasajos
que eran para tí
la culminación
de años de pobreza
de años de desprecio,
ahora podías mostrar
que habías llegado
a lo más alto de la montaña,
allí donde todos
te rendían pleitesía
y seguramente
habrás pensado,
que Dios
debía ser Argentino.

Yo te recuerdo, Evita
en tus discursos decías
que el mundo era cruel
que era más un lugar
para los que tenían mucho
que era menos un lugar
para los que sufrían en silencio
que era un lugar
de niños malnutridos y sin amor
que era un lugar
donde los hombres
hacían guerras
y se mataban entre ellos.
Lamentablemente
eran solamente palabras,
palabras esperanzadas,
palabras que se perdían
en el aire tibio
de los domingos asoleados
de la Plaza de Mayo,
donde la multitud
tu nombre gritaba:

¡Evita! ¡Evita! ¡Evita!

I remember you, Evita,
during those seven days
of honors and festivities,
for you
the culmination
of years of poverty
of years of scorn,
now you could show
the whole world
that you had arrived
at the top of the mountain,
where everybody
respected you,
and you surely thought
God
must be Argentinian.

I remember you, Evita.
In your speeches you used to say
that the world
was a cruel place,
more for the haves
than for those
who suffered silently,
a place
for malnourished,
loveless children,
a place where men
made war
and killed each other.
Unfortunately
those were only words,
hopeful words
lost in the tepid air
of sunny Sundays
in the Plaza de Mayo
where the masses called
your name:

Evita! Evita! Evita!

Yo te recuerdo, Evita
el día de tu velorio
y el millón de flores
que llegaron de todo el mundo
y las orquídeas negras
que los Estados Unidos mandaron
y el cortejo funeral
alrededor de la Plaza de Mayo
y el millón de descamisados
que vinieron a rendirte
el último homenaje
y quizás pensaron
en tu resurrección,
como la del Cristo
de hace dos mil años.

Yo te recuerdo, Evita
cada noche
a las veinte y veinticinco
una voz solemne
anunciaba en la radio:

　　"Esta es la hora
　　　en que murió Eva Perón"

y la música sacra
comenzaba
y eran cinco minutos
de una visión
que nos llegaba
desde el más allá,
era un sueño
que nunca llegó
a ser realidad.

Yo te recuerdo, Evita
como una pasajera
en ese tren rápido
a tu destino,
porque morir
a los treinta y tres años
es muy pronto.

I remember you, Evita,
the day of your wake,
and a million flowers
arriving from all over the world,
and black orchids
sent by the United States,
and the funeral march
around the Plaza de Mayo
and a million "descamisados"
who flocked to pay
their last respects
maybe thinking
that you might resurrect
like the Christ
of two thousand years ago.

I remember you, Evita,
every evening
at twenty-five past eight
when we heard in the radio
a solemn voice announcing :

    This is the hour
    that Eva Peron died

and the religious music
began
it was five minutes
of a vision
that came from beyond,
it was a dream
that never materialized.

I remember you, Evita,
like a passenger
of the fast train
to your destiny,
because to die
at thirty-three years of age
is too soon.

Pero ahora
ahora que lo pienso
siempre vas a quedar
como la imagen
de esa muñequita
de marfil
con el cabello rubio
peinado hacia atrás
y los brazos en alto
esbeltos y blancos
y los dedos finos
dirigidos hacia el cielo
y la voz
vibrante y sonora
exclamando:

> *¡La vida por Perón!*
> *¡La vida por Perón!*

Si,
Yo te recuerdo, Evita.

But now
that I think about it,
you will always remain
the image
of that ivory doll,
your blond hair
backcombed,
and your graceful,
white arms raised,
your fine fingers
pointing to the sky
and your voice
vibrant and clear
exclaiming:

Our life for Peron !
Our life for Peron !

Yes,
I do remember you, Evita.

¿QUÉ ES EL AMOR?

Muchas veces
me he preguntado

¿Qué es el Amor?

e inmediatamente
vienen a la mente
escenas
del amor apasionado,
del beso de película,
de las estrellas de cine,
todo un aura
de imaginación
y fantasía.

¿Es eso el Amor?

Quizás
en el laberinto
de la mente
del escritor cinematográfico
existen esas imágenes,
pero la realidad
es muy distinta.

Lemon Grove
June 17, 1994

WHAT IS LOVE ?

Many times
I have asked myself

What is Love ?

and immediately
scenes come to mind
of passionate love,
a kiss in a film,
of movie stars,
an aura
of imagination
and fantasy.

Is that Love ?

Maybe
in the labyrinth
of the screenwriter's
mind
those images exist,
but the reality
is quite different.

El Amor
es una comunión
de seres,
es un encuentro
de ideas,
es una realización
de intereses comunes,
es la fusión
de alma
y espíritu
y por sobre todo
es mirar al futuro
con los ojos
del ser amado.

Para llegar al Amor
hay que descubrir
esa mente que tenemos,
hay que cuidar
ese cuerpo que tenemos,
hay que embellecer
esa alma que tenemos.

El Amor
es el triunfo
sobre la miseria
de los hombres
pobres de espíritu,
que gozan solamente
de sus bienes
materiales
y no piensan
que un día
nos iremos
de la Tierra
tal como hemos
venido.

Love
is a communion
of beings,
an encounter
of ideas,
a realization
of common interests,
the fusion
of soul
and spirit,
and above all, it is
looking to the future
through the eyes
of a loved one.

To find Love
we must discover
the mind we have,
we must care
for the body we have
we must make
our soul more beautiful.

Love
is triumph
over the misery
of men
poor in spirit,
who only care
for things acquired,
without thinking
that one day
we will leave
this Earth
the same way
we came.

Por eso digo
que el Amor
es el jardín
encantado
del ser humano
y hay que cuidarlo
como se cuida
la flor
de nuestros ensueños,
el pájaro
que vuela libremente,
el árbol
que nos da amparo.

Pienso siempre
en el Amor
como esas olas
que van y vienen
y siempre llegan
a la costa
de los que se quieren
de verdad.

El Amor
es como esa flor,
es como ese pájaro,
es como ese árbol
siempre estará
presente
en el alma
y en la mente
del ser humano.

That's why I say
Love
is the enchanted
garden
of the human being
and we must
take care of it
as we care for
the flower
of our dreams,
the bird
that flies free,
the tree
that gives us shelter.

I always think
Love
is like the waves
that ebb and flow
and always come
to the shore
of the ones
who truly
love each other.

Love
is like the flower
the bird
or the tree,
it will always
be present
in the soul
and mind
of the human being.

Julio 1996

EL VIEJO PUENTE

Al viejo puente
lo han sacado
de su lugar
sobre ese río
encajonado
entre paredes
y piso
de concreto,
ese río
llamado
Los Angeles
para darle
el ritual
de una muerte
silenciosa.

Madera vieja
pero firme,
tablones
que crujían
bajo el peso
de caminantes
inscripcioness
de amoríos
en barandas
y postes

THE OLD BRIDGE

They moved
the old bridge
from its site
on this river
boxed in
between walls
and a floor
of concrete
this river
called
Los Angeles
giving it
the ritual
of a silent
death.

Old wood
yet strong,
planks
that creak
under the weight
of pedestrians
love inscriptions
on railings
and posts

encuentros
de fotógrafos
y modelos
carteles
y avisos
anunciando
ventas
de ilusiones
hombres
de barbas grises
y sin casas
durmiendo
bajo la sombra
de sus vigas
y zapatos
pequeños y puntiagudos
abandonados,
a la espera
de su dueña,
quizás una señal
de lo precario
que es este mundo.

Al viejo puente
tránsito ineludible
entre la quietud
de suburbia
y los trajines
de la gran avenida,
seguramente
lo van a desmantelar
y cada parte
va a dejar
una historia
trozos
de conversaciones
palabras susurradas
en las noches
de luna llena.

encounters
between
photographers
and models
posters
and ads
announcing
sales
of illusions
homeless,
gray-bearded men
sleeping
under the shade
of its crossbeams
and one morning
a pair of shoes
small and pointed
abandoned
expecting
their mistress
maybe a sign
of how precarious
this world is.

The old bridge,
unavoidable transit
between the quiet
of suburbia
and the hustle and bustle
of the main avenue
surely
they will dismantle it
each part
will tell its story
pieces
of conversations
words murmured
on moonlit nights.

Pobre puente viejo
ha llegado al final
de su camino,
temporariamente
lo han puesto
en otra parte
del río,
mientras
el nuevo puente
de hierro y concreto
se construye
signo de nuestro tiempo
no hay lugar
para sentimentalismo
o historia.

Quizas haya
una remota posibilidad,
que alguien
le encuentre un lugar
sobre un río
que se llame
río de la Esperanza.

Eso es!
Esperanza
es lo que necesitan todos,
el hombre
el río
y el viejo puente.

Poor old bridge
has reached the end
of its journey
temporarily
they have put it
somewhere else
along the river
while the new bridge
of steel and concrete
is built
a sign of our times
with no room
for nostalgia
or history.

Maybe there is
a remote possibility
that someone
will find
a place for it
on a river
called Hope.

That's it !
Hope
is what man,
the river
and the old bridge
all need.

NOSTALGIA

*El pasado
siempre viene
en sueños,
imágenes
de personas
y lugares;
un viaje
en un tren
mi madre
mi hermana
y yo
con la nariz pegada
a la ventana,
los campos
la lluvia
la noche
sin estrellas,
todo pasa
rápidamente
como película
de cine*

*Otras imágenes
vienen
unos cabellos rubios
pálida cara de niña,*

N O S T A L G I A

The past
always comes
in dreams,
images
of people
and places;
a train trip
my mother
my sister
and I,
my nose
glued to the window,
the fields
the rain
the starless night
everything happens
so quickly
like a movie.

Other images
come
blond hair
pale face
of a little girl,

un hombre
mi padre
cortando telas
trajes a medida
para clientes
con deseos
de pequeños lujos.

En el ancho camino
de la vida
uno recuerda
con nostalgia
breves pasajes
y se pregunta
si realmente
todo ha sucedido
si no ha sido un sueño,
y ahora
que la realidad
es tan aplastante,
un mundo
de computadoras,
vuelos espaciales
y transplantes de órganos,
pensamos

¿Qué será
de la historia
de nuestras vidas?
¿Dónde irán
a parar
esos instantes
de alegría y tristezas?

Es como
el viejo nogal
de nuestro jardín
que se ha ido
y sin embargo
el recuerdo persiste.

a man
my father
cutting cloth
custom-made suits
for clients
desiring
small luxuries.

On the wide road
of life
one remembers
with nostalgia
brief passages
and we ask
if really
everything did happen
if it wasn't
a dream,
and now that reality
is so astounding,
a world
of computers,
space flights
and organ transplants,
we think:

> *What will become*
> *of the history*
> *of our lives ?*
> *Where will*
> *they go*
> *those fleeting moments*
> *of happiness and sadness?*

It's like
the old walnut tree
in our garden
it's gone
but the memory
persists.

Es como
el viejo puente
cerca de casa,
lo han desmantelado
pero ha quedado
en un recoveco
de la memoria.

Todo
ha quedado
en las brumas
del pasado,
páginas escritas
con tinta
que se esfuma,
nostalgia
en los sueños
de cada noche,
nostalgia
en los sucesos
de cada día.

It's like
the old bridge
near home,
it was dismantled
but remains
in a bend
along the road
of memory.

Everything
remains
in the mist
of the past,
pages written
with ink
that vanishes,
nostalgia
in dreams
at night,
nostalgia
in everyday
happenings.

Para Ida, en el día de su cumpleaños
Abril 22, 1997

R E T R A T O

¡Canta!
Canta como la alondra
cuando el día despierta
entre las flores del jardín,
cuando el sol se cuela
a través de las rendijas .

¡Mira!
Mira en los ojos
de los seres amados
y encuentra la felicidad
como el río tranquilo
que corre por los campos en flor.

¡Habla!
Habla con palabras
que llegan de la mente,
sabiduría de toda una vida
historias para ser contadas
historias humanas.

¡Ríe!
Ríe con una risa
que llega del corazón,
alegrías para disipar tinieblas,
goce en las cosas sencillas
de este mundo complejo.

For Ida on her birthday
April 22, 1997

P O R T R A I T

She sings!
She sings like a lark
when the day wakes-up
among the garden flowers
when the sun filters
through the cracks.

She looks!
She looks in the eyes
of the loved ones
and finds happiness
like the quiet river
that flows through fields in bloom.

She speaks!
She speaks with words
that comes from the mind
knowledge of a whole life
tales to be told
human stories.

She laughs!
She laughs with a spirit
that comes from the heart
joys to dissipate the fog
pleasure in the simple things
of this complex world.

Este es el retrato
de una mujer
que cada mañana
sabe que la vida
es un don precioso,
cantar y mirar
hablar y reír
es lo que uno siembra
en el camino

Este es el retrato
de una mujer
que más que esposa
es amiga
de mis pensamientos
y siempre celebro
cada día de la vida
el primer momento
que mis ojos
conocieron sus ojos.

Este es el retrato
de una mujer,
historias que van a pasar
de generación en generación,
y cuando los recuerdos
se pierdan
en la niebla de los años,
lo que la vida le dió,
entusiasmo
y confianza en si misma
va a ser recordado.

¡Adelante! ¡Adelante !
cantando y mirando
hablando y riendo

¡Adelante !

This a portrait
of a woman
who every morning
knows life
to be a precious gift,
singing and looking
speaking and laughing
are what one sows
along the way.

This is a portrait
of a woman
who besides a wife
is the friend
of my thoughts
and I celebrate
every day of my life
the first moment
that my eyes
met her eyes.

This is the portrait
of a woman,
words and deeds
that will be transmitted
from generation to generation,
and when the memories
are lost
in the fog of time,
what life gave her,
enthusiasm
and confidence,
will be remembered.

Onward! Onward!
Singing and looking
speaking and laughing

Onward!

NOTES ON THE POEMS

DEATH VALLEY

Death Valley   An arid basin in E. California and Southern
Nevada: the lowest point in North America.
About 1500 sq.miles, 280 ft. below sea level.

THE CITY

mate   A tealike South American beverage made from the
leaves of a species of holly. Also the name of the
vessel in which the herb is steeped.

THE BLOWHOLE

La Bufadora   The blowhole is located in Baja California,
Mexico, 89 miles south of the USA border.

LOS ANGELES

Chavez Ravine   Site of the Dodger Stadium, near downtown
Los Angeles, built in the early 1960's.

Cinco de Mayo   The day the Mexican forces, under the leadership
of Benito Juarez, defeated the French Army of
Maximilian in 1862.

Porciúncula   The complete name of Los Angeles *is Nuestra
Señora de la Porciúncula de Los Angeles.
Porciúncula* refers to the first convent of the Order of
St. Francis.

PORTRAIT OF A POET

Bert Meyers   American poet (1928-1979), professor of English
at Pitzer College in Claremont, CA. At the time of
his death, Denise Levertov said: "His work remains
~ but that this good man is gone and that there will
not be more poems from that clear spring leaves
one sore and impoverished."

Calders   sculptures by Alexander Calder (1898-1976)
                 American sculptor, originator of mobiles.

                 PALM DESERT

Saguaro   A tall cactus, Carnigeia Gigantea, of Arizona
                 and neighboring regions.

Stonehenge   Prehistoric monument on Salisbury Plain,
                 Wiltshire, England, consisting mainly of a large
                 circle of megalithic posts and lintels.

                 WEEKEND

Valenzuela   Fernando Valenzuela , b. 1961 in Sonora,
                 Mexico, a left-handed pitcher for the Dodgers,
                 was a national celebrity, named rookie of the year
                 in 1981.

                 BUCKY

Bucky   Richard Buckminster Fuller (1895-1983).
                 American architect and engineer, known for his
                 revolutionary technological designs. Among his
                 accomplishments are the design of the Dymaxion
                 car, the first omnidirectional car, and the geodesic
                 dome of which the most publicized example was
                 the USA exhibition dome at Expo '67,(Montreal,
                 Canada)

                 VENUS 13

Goldstone   The Site is near Barstow in Southern California's
                 Mojave Desert, where the Goldstone Deep Space
                 Communications Complex is located, providing
                 Earth-based radio communications link for all of
                 NASA's unmanned interplanetary spacecraft.

I REMEMBER YOU, EVITA

Pink House   Seat of the Executive Branch of the Argentine Government, in Buenos Aires. The equivalent of the White House in the USA.

Plaza de Mayo   Main public square in Buenos Aires, across from the Pink House.

Descamisados   Name given to workers who were followers of he Peronist Party (Political Party established by Juan Domingo Peron and Eva Peron).

About the Author

Amor Halperin came to the USA from Buenos Aires, Argentina, with his wife Ida, in the 1950s.

He studied printmaking and art history at California State University at Northridge. He has exhibited his work at L'Alliance Française of Los Angeles and at the Piano Gallery in Tarzana. He illustrated with linocut prints the book *Lord of the Village* by the French poet François Dodat, translated by Bert and Odette Meyers.

Recently retired from his position as an Engineer at the Jet Propulsion Lab (Antennas Division) in Pasadena, he witnessed the progress of the space program and the landing of the first space vehicle on Mars, the Viking Lander, in July 1976.

The Halperins have two children and one grandchild.